JN058425

動画でもっと上達！ 輝くフラ

Hula

魅せる技術と表現力を磨く

［監修］
ナー・マモ・オ・カレイナニ 主宰
岡本聖子

Mates-Publishing

はじめに

　初めて出版された本「フラ　魅せるポイント60」を、たくさんの方々に読んでいただいたおかげで、2冊目を出版でき、さらに今回の改訂版を出せたことを大変嬉しく思っています。またこの本の出版とともに、スタジオ「ナー・マモ・オ・カレイナニ」を開校して25周年という特別な年を迎えました。

　私は30歳で「ナー・マモ・オ・カレイナニ」を開講しました。若い頃に魅せられたフラは、エネルギッシュでスピード感があり、技がたくさんあるものでした。足の膝を駆使して、身体を上下に激しく移動することこそが、フラの極みと感じていました。
　55歳になった今、私の中のフラに対する考え方もだいぶ変わってきました。外から見えるものより、自分の中から湧き出てくる感情の表現を、より重視するようになりました。また、複雑な技より、シンプルでベーシックな踊りこそが、実はより難しく、そして一番美しさを秘めていると思うようになりました。

　フラへの情熱の方向は変われども、フラにとって一番大切だと思うものは、今でも変わることなく、基本に忠実な足のステップだと感じています。ステップはただリズムをとるためのものではなく、フラの表現の土台となる部分です。この本の読者は、年齢やキャリアにかかわらず、まずは足のステップからぜひとも練習してみてください。何度繰り返し練習しても、ステップは終わりのない奥深いものなのです。

　ハワイでは、フラは小さな子どもからお年寄りまで、幅広い年代の人が楽しんでいます。それぞれの年代に合わせた踊りがあり、衣装があり、年齢とともにフラへの考え方も変わります。ハワイの人にとって、フラとは人生そのものなのです。日本にいる私達も、フラを心で感じてみてください。きっとこのフラの美しさを、踊りとしてだけでなく、文化や精神として感じることができるでしょう。

ナー・マモ・オ・カレイナニ主宰　岡本聖子

動画でもっと上達！

輝くフラ
魅せる技術と表現力を磨く　改訂版

※本書は 2018 年発行の『DVD でもっと美しく！　輝くフラ　上達のポイント 60』を元に、動画の視聴形態と書名・装丁を変更し、必要な情報の確認を行い、新たに発行したものです。

CONTENTS　もくじ

第4章　もっとフラを知ろう！　102

本書の使い方

本書では、フラの初心者から中級者の人に、
ぜひ身につけてほしいテクニックを紹介しています。

キーワード
ここで学ぶ内容と、ここでできるようになることです。

動画番号
02-04 なら2章の4番目に登場する動画です。

歌詞
ハワイ語と日本語
で表示します。

ステップ
足のステップの
種類です。

本書はスタジオで
レッスンを受けて
いるような、わか
りやすいミラー画
像&映像を全編で
採用しています。

コツ
特に重要なコツの解説です。

踊りの解説
踊り方を文章と写真で説明します。

 # 動画の見方

本書で紹介しているフラは、動画で見ることができます。
動画の見方は以下の通りです。

①本書の章の扉にはQRコードがついています。

②スマートフォンやタブレットでQRコードを読み
取るとYouTubeで動画を見ることができます。

注意　本動画は、家庭内での私的鑑賞用であり、スクール等のレッスンでの使用は禁じます。なお、本動画に関する全ての権利は著作権上
の保護を受けております。権利者に無断でレンタル・上映・放映・複製・改作・インターネットによる配信をすることは、法律により固
く禁じられています。

フラの 3

Health
Beauty

健康美

フラを始めて最初に変化を実感するのは姿勢です。フラは踊りの中で、常に姿勢を意識するため、普段の生活でも姿勢が正しくなります。姿勢の崩れは、女性ならではの多くの不調と密接に関係しており、姿勢が改善されることで、さまざまな悩みが解消されているようです。またフラを通して、体が引き締まり、女性らしいエレガントな動作も身につきます。

つの魅力

Spirit
おだやかな心

フラは、「楽しい」「愛しい」「悲しい」などの
さまざまな感情を、表情と手の動きで
表現します。普段、自分の気持ちを
抑え込んでいる人ほど、フラを
体験することで、心が開放されて
いきます。ハワイアンの曲は、
花や山、海など、自然のモチーフを
よく扱います。自分の体で
自然を表現する中で、
気持ちも穏やかになり、
ゆったりとした呼吸に
なっていきます。

多世代で楽しめる

Lifetime

ハワイでは子どもからお年寄りまで幅広くフラを楽しんでいます。フラは、全身のさまざまな筋肉を使う踊りですが、瞬発力とは違った体の動かし方なので、運動神経に自信がない人でも、子どもから高齢者まで誰でも楽しめるのが特徴です。それ自体が、アンチエイジング効果にもつながるので、一生涯楽しむことができ、多世代で一緒に踊ることもできます。

魅力あふれる
フラの世界

ここでは、フラを知らない人のために、
フラならではの魅力を取り上げます。

フラの先生ごとに踊り方が変わる

動画では「フラの
歴史や文化」を紹介

フラの踊り方は、ハーラウ（教室）によってやり方が異なる場合があります。なぜならフラは、ハワイにある島によってハワイ語が変わり、踊りのスタイルも変化するためです。印象として、最も都会のオアフ島は洗練されたスタイルが多く、フラの発祥地といわれるカウアイ島や火山の女神ペレの住むハワイ島は、ワイルドな力強い踊りが多いようです。また、師匠（クムフラ）によっても、足の運び方が変わります。この本で紹介するのは、オアフ島の伝統的なスタイルのフラです。

観光客が最も訪れるオアフ島。他に、カウアイ島、モロカイ島、ラナイ島、マウイ島、ハワイ島などがあります。

6島の中で最も大きなハワイ島は、ビッグ・アイランドとも呼ばれます。キラウエア火山があり、火山の神ペレの信仰があります。

通常の踊りとの違い

フラと通常のダンスには、大きな違いがあります。フラの群舞（複数人での踊り）には、通常のダンスのように、カウントで厳密に合わせることをあまりしません。瞬発力や運動神経を必要とする踊りとは、少し性質が異なるのです。カウントで動きを合わせるよりも、全体の一体感や呼吸を重視するのです。

楽器の音に合わせて踊る岡本聖子と、その師匠（クムフラ）のアロハ・ダレリィ先生（故）。

2種類の踊りがある

フラには、「カヒコ」と「アウアナ」という2種類の踊りがあります。神にささげる伝統的な踊りである「カヒコ」は、精神的にも肉体的にもかなりの集中力を必要とし、衣装や装飾も天然の花や植物、貝、動物の骨などを使います。新しい踊りである「アウアナ」は、比較的誰でも取り組みやすいゆったりした印象の動きで、カラフルな衣装を身につけます。この本では、誰もが取り組みやすい「アウアナ」を中心に紹介します。

カヒコ

一度は失われかけた古来から伝わる伝統的な踊りを復活させたもの。

アウアナ

ハワイの観光目的で発展した踊りで、華麗な衣装を着るのが特徴。

第1章

美しく踊るための「ステップ」&「ハンドモーション」

動画1章
01-01

まずは、フラのすべての基本となる「基本姿勢」をマスターしましょう。
それができたら、「ステップ」「ハンドモーション」を、
正しい動きと形で習得していきましょう。

Hula Number
1

基本姿勢

あごを引き、背筋を伸ばし、胸をしっかり張る

動画
01-01

ステップの後から お尻を動かす

フラの基本姿勢は、あごを引き、背筋をまっすぐ伸ばして、ひざを少し曲げて立ちます。手は腰に置き、二の腕が下がらないように、しっかり胸を張ります。スカートのすそと床の幅が、前と後ろでほぼ同じ長さ、つまり、平行になるように意識して立ちましょう。

正面

背中の肩甲骨を
寄せて、胸を張る

あごを少し引き、背筋をまっすぐ伸ばし、ひざを曲げます。

横

スカートと床が
平行になる

頭の後ろと、かかとが一直線で結ばれるように立ちます。

Hula Number 2

Kaholo　カホロ

左右へ2歩ずつ 同じ歩幅で動く

動画
01-02

ステップの後から お尻を動かす

　カホロは、右に2歩、左に2歩動くステップです。1歩目と2歩目は歩幅を同じにしましょう。ここに腰の振りがつきますが、体を上下させず、地をはうようなイメージで動くのがポイントです。ステップの後から腰を振るようにすると良いでしょう。

気をつけよう
歩幅を同じに！

肩幅くらいの歩幅で、足を横に出します。同じ歩幅になるように意識しましょう。

1

！ 右足に重心を乗せる

→ 右へ1歩足を出し、腰を右に振ります。

2

！ ステップの後から腰を振る

→ 左足を右足に寄せ、腰を左に振ります。

3

→ 右へ1歩ステップして、腰を右に振ります。

4

→ 左足を右足に引き寄せ、腰を左に振ります。

ここまでが右カホロ、反対の左カホロもやってみましょう

15

Hela　ヘラ

斜め45度の角度で
左右交互に足を出す
動画 01-03

体重移動しながら足を入れ替える

　ヘラは、斜め45度の角度に、左右交互に足を出すステップです。右足が前に出ているとき、右足つま先は地面につけているだけで、体重は左足に乗っています。左右の体重移動を上手く行いながら足を入れ替え、なめらかに腰の動きをつけていきましょう。

POINT ココが大切

体重移動をスムーズに！

体を支える軸足は、ひざを曲げて全体重を支えます。左右の体重移動をスムーズに行いましょう。

1

横

左ヘラの横からの形。右足に体重が乗っています。

⚠ このとき体重は左足に乗っている

右足を前に出します。

▶

2

右足を引いて、腰を右に振ります。

ここまでが右ヘラ、反対の左ヘラもやってみましょう

16

Lele `uwehe　レレウエへ

高低の差を意識して連続動作を行う

動画 01-04

両ひざを素早く開いて閉じる

　レレウエへは、横へ一歩足を出し、その後、反対の足でヘラのステップをします。さらに、両ひざを左右に開閉するウエへをします。このとき、ひざの間にスカートを巻き込まないように、素早く行います。姿勢の高いヘラと姿勢の低いウエへの高低の差を意識しましょう。

1　右へ一歩足を出します。

2　右足に体重移動し、左ヘラをします。

3

(!) 高い姿勢から低い姿勢へ

左足を引いて、ひざを曲げます。

4

(!) やや斜め上に向かって開く

両ひざを左右に素早く開きます。

POINT ココが大切

P かかとをあげる！

ひざの開閉を行う際には、かかとをしっかりあげて行います。頭の高さを変えないこともポイントです。

ここまでが右レレウエへ、反対の左レレウエへもやってみましょう

Hula Number **5**

Kāwelu　カヴェル

片足を少し前に出し腰をなめらかに振る

動画 01-05

一度タップをして逆足を前に出す

カヴェルは、片足を少し前に出した状態で、腰を左右になめらかに振るステップです。前に出す足のかかととは、軸足のつま先の横くらいの場所に置きます。足を入れ替えるときは、前に出した足を引いたら、逆の足で小さく一度タップをしてから前に出しましょう。

1

！ 右足かかとが左足のつま先の横にくる

右足を小さく前に出します。

2

！ 背中をしっかり伸ばす

腰を右になめらかに振ります。

3

腰を左になめらかに振ります。

4

！ 次に、左足を出すとき、タップしてから前に出し、左カヴェルへ

腰を右に振り、右足を引きます。

ここまでが右カヴェル、反対の左カヴェルもやってみましょう

Kalākaua　カラカウア

前後の動きに上下の動きを加える

動画
01-06

ひざの曲げ伸ばしで姿勢の高低を出す

　カラカウアは、正面を向いた姿勢から、すぐに左を向いて、前後へ動き、ひざの曲げ伸ばしによる上下の動きを組み合わせたステップです。左右の足の重心移動がポイントになります。ひざの曲げ伸ばしによる、姿勢の高低も意識してみましょう。

1　**2**

ひざを曲げたまま、左を向きます。

重心
ひざを伸ばし、重心を左足に置きます。

3　**4**　**5**　**6**　**7**

3 重心
右足で一歩下がり、重心を右足に移動します。

4 ⚠️ 腰はステップの後から動かす
重心
ひざを曲げて、重心を左足に移します。

5
右足を前に出し、ひざをさらに曲げます。

6
ひざを伸ばし、重心を左足に置きます。

7 重心
正面を向き、ひざを曲げます。

ここまでが左カラカウア、反対の右カラカウアもやってみよう

Kāʻō　カオ

体重移動しながら
テンポよく左右へ腰を振る

動画
01-07

ひざの曲げ伸ばしで体重移動をスムーズに

カオは、腰を左右へ振る動きです。左に腰を振ったときは、右ひざを少し曲げ、体重は左足に乗っています。右に腰を振ったときは、左ひざを少し曲げ、体重は右足に乗っています。体重移動をスムーズに行いながら、テンポよく左右に腰を振っていきましょう。

1

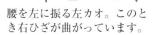

！ 左足に体重が乗っている

！ 足の幅は手の拳が入るくらい

腰を左に振る左カオ。このとき右ひざが曲がっています。

2

！ 右足に体重が乗っている

腰を右に振る右カオ。このとき左ひざが曲がっています。

Hula Number **8**

`Uwehe　ウエヘ`

片足立ちの後、素早く両ひざを開閉する

動画 **01-08**

バランスをとって片足で立つ

　ウエヘは、片足立ちの後、ひざをそろえ、ひざを開閉する動きです。片足立ちの姿勢は、最初はバランスをとるのが難しいかもしれませんが、繰り返し練習しマスターしましょう。ひざの開閉は、スカートをひざの間に巻き込まないように、素早く行うようにしましょう。

POINT ココが大切

つま先をあげて左右へ開く

ひざを左右へ開くとき、つま先をあげます。このとき、頭の高さがあがらないように注意しましょう。

1

ふらつかないように注意
右足を上げ、片足立ちになります。

2

右足を下ろしたら、ひざを曲げてそろえます。

3

やや斜め上に向かって開く
ひざを左右へ開きます。

ここまでが右ウエヘ、反対の左ウエヘもやってみましょう

`Ami　アミ

ひざを曲げながら 腰で円を描く

動画 01-09

足でふんばることで 上半身がぶれない

　アミは、足のかかとをつけたまま、腰で左右へ円を描く動作です。腰を回すとき、上半身がぶれないようにするために、足でしっかりと床を踏みつけるようにふんばってください。腰が前後左右に動いたときの、ひざの曲げ伸ばしも重要です。

> ### POINT ココが大切
> ### ひざを上手く使おう！
> 左右に腰を回したときは、腰と反対のひざを曲げます。腰が後ろのときは両ひざを伸ばし、腰が前のときは両ひざを曲げます。
>
> 腰が右にあるときは　　腰が前のときは
> 右ひざを曲げる　　　　両ひざを曲げる

1

右ひざが曲がる
右ひざを曲げ、腰を左後ろに回します。

2

両ひざが伸びている
左から後ろへ円を描くように動かします。

3

左ひざが曲がる
左ひざを曲げ、腰を右に持ってきます。

4

両ひざが曲がっている
腰を前へ持ってきて、さらに左後ろへ回す。

ここまでが右アミ、反対の左アミもやってみましょう

Hula Number 10

`Ōniu オニウ

バランスを崩さず
腰で8の字を描く

動画 01-10

足でふんばって上下左右にぶれない

オニウは、腰で8の字を描く動きです。ひざの曲げ伸ばしをしながら、頭の高さを変えずに、なめらかに腰を動かしていきましょう。バランスを崩しやすい動きなので、足でしっかりふんばり、重心を体の中心に置きながら、なめらかに腰を動かしましょう。

1

右ひざを曲げて、腰を左後ろに回します。

！ 右ひざが曲がっている

2

！ 両ひざが曲がっている

左後ろから斜め前へ腰を動かし、右後ろへ回し、斜め前へ。

3

！ 右ひざが曲がっている

左前から、左後ろへ回転していきます。

4

！ 左ひざが曲がっている

左後ろから斜め前へ腰を動かし、右後ろへ回します。

Kaholo Huki　カホロフキ

左右に回転しながら足を素早く運ぶ

4つの足の運びからなる連続動作

　カホロフキは、4つの足の運びからなります。1つ目は左に向いた姿勢から右足を奥へ一歩出します。2つ目は左足を正面に向けます。3つ目は右足を前へ運びながら回転します。4つ目は左足をタップします。この4つの連続動作を体に覚えこませましょう。

1

体ごと右を向き、右足を一歩奥に踏み出します。

2

（!）体も正面に向ける

左足を回転させて正面に向けます。

3

（!）左足を軸にしながら回転

右足をいっきに前へ運びます。

4

左方向に回転します。

5

左足を右足に引き寄せるようにタップします。

ここまでが右カホロフキ、反対の左カホロフキもやってみましょう

Ki`i wāwae　キーヴァヴァエ

横、前にステップし両ひざを開閉する

動画
01-12

頭の高さを変えずに踊る

　キーヴァヴァエは、横、前に足を出してステップを踏んだ後、中心に足を戻して、素早くひざを開閉する動きをします。このとき、ひざをしっかりと曲げて、腰を落とすことが大切です。頭の高さを変えずに行うことで、美しい表現につながります。

1
右足を横に出し、顔も横を見ます。

2
右足を前に出し、正面を向きます。

3
右足を戻して、ひざを曲げてそろえます。

4
(!)
やや斜め上に開く
ひざを左右へ開き、素早く閉じます。

ここまでが右キーヴァヴァエ、反対の左キーヴァヴァエもやってみましょう

Hula Number 13

Ua 雨

腕を真っすぐ下ろし
指先で雨粒を表す

動画 01-13

指先でパラパラ振る雨を表す

　両手をあげて、まっすぐ地面に垂直に
おろすことで、天から地面に振る雨を表
現します。このとき、指先を細かく上下
に動かすことで、雨粒がパラパラと落ち
てくる様子を表すことができます。やわ
らかな腕と指先の動きを心がけて行いま
しょう。

1

両腕を左上にあげ、
指を上下に動かし
ながら、腕をおろ
していきます。

（！）

垂直に
腕をおろす

2

両手を真下に
おろします。

3

（！）

垂直に
腕をおろす

両手を右上にあげ、指を
上下に動かしながら、お
ろしていきます。

POINT ココが大切
こまかく指を動かす

指先を前後に細かく動かすことで、パラパラ
と振る雨を表現します。

26

Hula Number 14

Mauna　山

上にあげた腕を左右に スライドさせる

動画 01-14

腕の動きで山を表す

　両手をななめ上にあげていくことで、山を表すハンドモーションになります。指先をそろえることを意識すると、美しい動きになります。手をあげたときに、体を反らせると、より大きな山を表現することができます。

POINT ココが大切
片手でも表現できる

左手を胸の前で地面と平行にし、右手を左方向にあげ右方向にスライドさせます。

1

両手を左右に広げます。

2

両手を上にあげていきます。

! 体を反らせる

Makani　風

後ろにあげた手を頭を
なでるように回転

動画
01-15

腕の動きで山を表す

　体を反らせて、手を後ろにもっていく動きによる、風を表すハンドモーションです。手のひらを下にして、頭の上に天使の輪を作るように1回転させてから、後方に持っていくのが動きのポイントになります。反対の腕は地面と平行にします。

1 ! 手を頭の上で
回転させる

左手を前に出し、目線は斜め上を見ながら、
体をそらせ右手を後ろにあげます。

2 ! 腕は地面と平行に伸ばす

左右の腕をまっすぐ伸ばして、
反対の動きをしていきます。

POINT ココが大切
大きく動けば強い風に

後ろにあげた手のモーションを大きくすれば、
強い風を表現できます。

Hula Number
16

Aloha　愛　　Pu`uwai　心

手の動きと表情で「愛」と「心」を表す

動画 01-16

感情を込めて
正しく手を動かす

Aloha
愛

（！）肘を落として、肩を少しすくめる

胸の前でクロスし、自分を包み込むようにします。

　「愛」「心」という2つのハンドモーションです。「愛」を表す「アロハ」は、「こんにちは」「さようなら」「元気でね」など、さまざまな意味を持つおなじみのハワイ語です。言葉の意味を考え、しっかりと感情を込めて、正しい手の動きで表現しましょう。

Pu`uwai
心

（！）心臓は左だけなので、右側のハンドモーションはない

左手を心臓の前に置き、右手をその前に持ってきて、下から一周して左手にそえます。

Hula Number
17

Kāua　私たち

目の向きに気をつけて3つの動きで表現する

指先の向きや形も注意する

動画 01-17

　「私たち」というハンドモーションは、「あなた」「わたし」「ふたり」を表す3つの動きを組み合わせてできています。それぞれの意味を考えながら、指先の向きや形、目を向ける方向に気をつけて、ハンドモーションを行ってみましょう。

1

（！）目は手の上を見る
相手を手の平で指し、その先を見つめます。

2

（！）目は下に向ける
自分の胸を手の平で指します。

3

（！）目は手の上を見る
2本指を立てて、相手に向けます。

Lei　レイ

レイを持ち上げて
ゆっくりと首にかける

動画
01-18

レイを首にかける動き

　レイのハンドモーションは、胸の前からレイを持ち上げるように両手をあげていき、レイをかけるように首の後ろから前へ回していきます。両手の平の向きを意識しながら、ゆっくりとなめらかに動いていきましょう。片手で行うこともできます。

1　両手を胸にあて、下を見つめます

2　顔は右を向き、両手を上にあげます。

(!) レイを持ちあげるように

3　両手を、頭の後ろへおろしていきます。

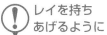

(!) レイをかけるように

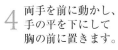

4　両手を前に動かし、手の平を下にして胸の前に置きます。

(!) 手の平が地面と平行

POINT ココが大切
片手でも表現できる

片手でレイのハンドモーションをする際は、反対の手を胸に置いて行います。

Hula Number
19

Lohe 聞く　　'Ike 見る　　Leo 声

耳、目、口に
しっかり手をあてる

動画 01-19

中途半端な位置に手を置かない

　「聞く」「見る」「話す」というハンドモーションは、それぞれ、耳、目、口に、しっかりと手をあてることが重要です。耳と口の間や、目と耳の間に手を置くと、どちらを表現しようとしているのかわからなくなります。手を置く位置をしっかり意識しましょう。

Mele 歌

口を両手でおおい、両手を前へ広げていくと、歌うというハンドモーションになります。

(!) 目線は左手の上を見る

Leo 声 (!) 手をしっかり口の近くに置く

右手を口の横にあてて、左手は斜め前に出します。

Lohe 聞く

右手は耳の後ろにあてて、左手は斜め前に出します。

(!) 周りを見渡すように左手を回す

'ike 見る

右手を目の近くに置き、左手は右手にそえ、ゆっくり左方向へ動かします。

第 2 章

曲に合わせて踊る①

最初の曲は『レイナニ（美しい人）』です。
レイを愛おしい人に見立てて歌うラブソングです。
1番から4番まで、それぞれ2回ずつ踊ります。

動画2章
02-01

Lei Nani レイナニ

Charles Namahoe

1番

'Auhea wale 'oe　Ku'u lei nani

どこに行ったの？　美しいレイよ

Ho'i mai nō kāua　Lā e pili

私たちのために戻ってきて　結ばれましょう

2番

Kou aloha ka'u a'e　Hi`ipoi nei

あなたは私のもの　大切な人よ

Hāku'iku'i 'eha　I ko'u mana'o

胸が痛いほどに　沸き起こる私の思い

3番

'Ano a'i ka pilina　Poina 'ole

あなたとの思い出を　忘れられない

E lei a'e 'oe　Me ku'u lei

あなたのレイ（愛）を　私のレイ（愛）のように身につける

4番

Ha'ina 'ia mai　Ana ka puana

この物語を　伝えましょう

Ho'i mai no kāua　La e pili

私たちのために戻ってきて　結ばれましょう

Hula Number **20**

コレができる　美しい姿勢で自然なウェーブができる

腕を肩の高さにして
やわらかくウェーブする

イントロ・間奏
動画 **02-02**

フィニッシュ
動画 **02-07**

イントロ・間奏・フィニッシュのヴァンプ

腕は肩の
高さで
キープ

顔は横に向ける

顔は横に向ける

腕は肩の
高さで
キープ

右カホロ

1 右腕を横にあげ、左腕を胸の前で
ウェーブします。

左カホロ

2 左腕を横にあげ、右腕を胸の前で
ウェーブします。

曲の出だしや間奏の ヴァンプを覚えよう

曲に合わせて踊るとき、曲の出だしのイントロや間奏などには、ヴァンプと呼ばれるつなぎの踊りが入ります。曲によってヴァンプの内容は変わりますが、手で波を表現する海のハンドモーションがよく出てきます。フィニッシュのヴァンプは、P101を参照してください。

POINT ココが大切

海のハンドモーション

海はよく登場するハンドモーション。やわらかく手首とひじを動かして、海の「波」を表現しましょう。

POINT ココが大切

3種類のヴァンプをマスターしよう！

ヴァンプには、曲の前に入る「イントロのヴァンプ」、曲の間に入る「間奏のヴァンプ」、曲の最後に入る「フィニッシュヴァンプ」の3種類があります。レイナニではすべて同じ動きのヴァンプですが、曲の中でヴァンプの内容が変わるものもあります。

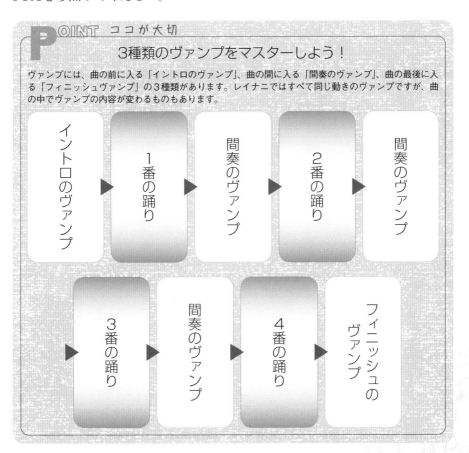

イントロのヴァンプ ▶ 1番の踊り ▶ 間奏のヴァンプ ▶ 2番の踊り ▶ 間奏のヴァンプ

▶ 3番の踊り ▶ 間奏のヴァンプ ▶ 4番の踊り ▶ フィニッシュのヴァンプ

コレができる　ステップを踏みながら、ハンドモーションをする

基本のハンドモーションを応用させながら行う

動画 02-03

1番-1

'Auhea wale 'oe
どこに行ったの？

！ 目線は右手の上

！ 腕は肩の高さのままで

右カホロ

1　左手を目の近くに置き、右腕をななめ前に出し、「見る」のハンドモーションをします。

2　右腕を床と平行に、右方向に動かしていきます。

ハンドモーションを組み合わせて表現する

　ここでは「見る」「あなた」という2つのハンドモーションの応用を行います。「見る」は、腕を横にスライドさせて遠くを見渡し、「どこにいるの？」という表現をします。「あなた」は、ここではダブルハンドで行います。しっかりステップを踏みながらハンドモーションを行いましょう。

POINT　ココが大切

まずは基本をマスター

見る

あなた

　まずは「見る」(P31)、「あなた」(P29)という基本のハンドモーションを覚え、応用させましょう。

目線は左手の上

左カホロ

3 相手（あなた）を手の平で指し、その先を見つめます。右手は胸の前に。

右カホロ

4 ステップを踏みながら、「あなた」のハンドモーションを続けます。

コレができる ハンドモーションで、優美な表現をする

やわらかく優雅な動きで
レイを首にかける

動画
02-03

1番-2

Ku'u lei nani
美しいレイよ

! レイを
持ちあげる
ように

右カホロ

1 両手を胸にあて、手を見つめます。

2 両手を上にあげます。

両手でレイをかける
ハンドモーション

　ここでは、左右のカホロ（P15）の
ステップを踏みながら、レイのハンド
モーション（P30）を行います。胸の
前に手を持っていったら、ゆっくりと
頭上に持ちあげて、頭の後ろからおろ
していきます。このとき、腕に丸みを
持たせながら、優雅にレイを首にかけ
る表現を目指しましょう。

気をつけよう

動画でチェック！

腕を丸く曲げる

○ 腕が適度に
丸まっている。

× 腕が開いて
しまっている。

腕を上にあげるとき、腕の形は曲線を描くよ
うに丸みを持たせましょう。

レイを
かけるように

手の平が
地面と平行

左カホロ

3 両手を、頭の後ろへおろしていき
ます。

4 両手を前に持っていき、手の平を
下にして胸の前に置きます。

コレができる 踊りに感情を込めることができる

顔・手・腕の動きを通して
愛情豊かな表現をする

動画
02-03

1番-3
4番-3

Ho`i mai nō kāua
私たちのために戻ってきて

滑らかな波を表現

目は手の
上を見る

右カホロ

1 左腕を前に出し、右腕を胸の前に置き、ウェーブします。

2 相手（あなた）を手の平で指し、その先を見つめます。

男女2人の想いを
ハンドモーションで表す

　ここでは、「海」のハンドモーションを行った後、「あなた」「わたし」「ふたり」（P29）というハンドモーションを行います。「愛し合う男女2人がここにいる」ということを表します。顔の表情や、手や腕のやわらかな動きなどを通して、愛情豊かな表現を心がけましょう。

目は下に向ける

目は手の上を見る

左カホロ

3,4
自分の胸を手の平で指します。
2本指を立てて、相手に向けます。

気をつけよう
ひじを伸ばす

「わたし」のハンドモーションのとき、ひじが下に落ちないように注意しましょう。

○　腕が床と平行に伸びる。

×　ひじが下に落ちている。

Hula Number
24
コレができる　踊りの中で力強い表現をする

力強く手を結ぶことで
恋人への愛情を表す

動画
02-03

1番-4
4番-4

Lā e pili
結ばれましょう

(!)　目線は右を見る

(!)　腕を肩の高さで
キープする

右カオ　　　　　　　　　　　　　　　　　　　　　左カオ

1 両腕を左右に広げます。

恋人が抱き合うように
固く手を結ぶ

　両腕を前に出し、手を固く結ぶ「メ
ピリ（2人が結ばれる）」というハン
ドモーションが出てきます。両手を
固く結ぶ動きで、恋人同士が抱き合
う様子を表現しています。しっかり
と気持ちを込めて、指先まで力を込
めることで、男女の強い愛情を表す
ことができます。

POINT　ココが大切
ひじの高さをキープ

胸の前で結んだ
手は、まっすぐ
伸ばして高さを
キープします。
ひじが下に落ち
ないようにしま
しょう。

!
指先に
力を込める

右カオ　　　　　　　　左カオ

2 両腕を前に出し、手を固く結びま
す。

気をつけよう
力強く手を重ねる

「メピリ」のハンドモーションは、手の結び
方がゆるすぎたり、指先に力が込められてい
なかったりすると、踊りに力強さが出せませ
ん。

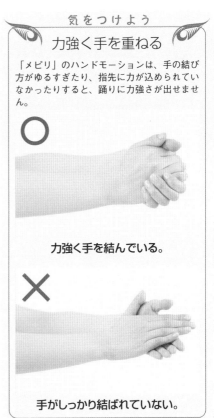

○

力強く手を結んでいる。

×

手がしっかり結ばれていない。

Hula Number
25

コレができる　指の動きと表情で繊細な表現をする

胸の前でクロスさせて
下を向き愛情を表現する 動画 02-04

2番-1

Kou aloha ka`u a`e
あなたは私のもの

肩をすくめ、
ななめ下
を向く

右カベル

1 両腕を胸の前にまっすぐ出します。

2 腕をクロスさせて、ななめ下を見ます。

44

カベルのステップで
ハンドモーション

ここではカベルのステップをしながら、両手を胸の前に出した後に、「アロハ（愛）」のハンドモーションを行います。自分を抱きしめるように胸をクロスさせて、手と指を使って胸の前に持っていきます。肩をすくめ、目線を下に落とす表情で、恋人への愛情を表現しましょう。

POINT　ココが大切
手指の動きで愛を表す

「アロハ（愛）」は、クロスさせた腕を下に落とさず、優しい眼差しで目線を下に落とします。

肩をすくめ、下を向く

左カベル

3 両腕を胸の前にまっすぐ出します。

4 腕をクロスさせて、ななめ下を見ます。

Hula Number
26

コレができる　背筋を伸ばして、美しい姿勢で踊る

横を向きながら堂々と胸をはって踊る

動画
02-04

2番-2

Hi`ipoi nei
大切な人よ

！ 顔は横を向く →

← ！ 顔は横を向く

右カホロ

左カホロ

1 右手を胸に、左手を腰にあてます。

2 左手を胸に、右手を腰にあてます。

シンプルな動きだからこそ
美しい姿勢を意識

　ここでは、胸と腰に手をあてながら、左右のカホロのステップを2回ずつ踏んでいきます。シンプルな動きだからこそ、背筋を伸ばして胸をはり、美しい姿勢を心がけて踊ることが大切です。左右にしっかりと顔を向けて、動きにメリハリをつけることも意識しましょう。

POINT ココが大切

顔を横に向ける

目線だけではなく、顔もしっかりと横を向きながら踊りましょう。

気をつけよう

ひじを床と平行に

胸に手を持っていったら、ひじをしっかりと伸ばして、ひじが落ちないように注意しましょう。胸をはって、堂々と踊りましょう。

○　ひじを伸ばして、視線は横に。

×　ひじが落ちて、目線が下がっている。

Hula Number
27

コレができる　上半身を静止しながらステップを踏む

上半身と下半身で
静と動の踊りを表現

動画
02-04

2番-3

Hāku`iku`i`eha
胸が痛いほどに

⚠ 右手に目線を向ける

⚠ 腕を床と平行に

⚠ 腕は肩の高さでキープ

⚠ 左手に目線を向ける

右カホロ

左カホロ

1 左腕をまっすぐ前に伸ばします。右手で二の腕にタッチし、前腕までスライドさせて右カホロを2回行います。

2 右腕をまっすぐ前に伸ばします。左手で二の腕にタッチ、前腕までスライドさせて左カホロを2回行います。

カホロをしながら
伸ばした腕にタッチ

　腕をまっすぐ伸ばして、もう片方の手を腕の上に置きながら、左右のカホロのステップを2回ずつ行います。1回目のカホロでは手を二の腕に置いて、2回目のカホロで手を前腕まで移動させます。このとき、手でタッチしたポイントに、しっかりと目線を向けましょう。

気をつけよう

左右に揺れない

まっすぐ前に伸ばした腕は、床と平行にして、左右に揺れないようにキープしましょう。

POINT ココが大切

二の腕から前腕にスライド

写真の二の腕の部分に手を置いたら、そのまま前腕までスライドさせましょう。

(!) 手に目線を向ける

(!) 腕をまっすぐ伸ばす

しっかり角度をつけて
キメのポーズをする

動画
02-04

2番-4

I ko`u mana`o
沸き起こる私の思い

顔も
上を向く

目線は
手のひらを
見つめる

右カホロ

1 両腕を直角に曲げて、上にあげます。

2 左右の手を交差させます。

ステップを踏みながら 「マナオ」のポーズ

　ここでは「マナオ（私の思い）」というハンドモーションが出てきます。左腕を横に倒し、右手人さし指を1本立ててこめかみにあてて、大好きな恋人を思い浮かべるポーズです。あごをあげて、ななめ上を見ながら、うっとりとしたハッピーな表情をしましょう。

ななめ上を見る

ハッピーな
表情をする

左カホロ

3 左腕を床と平行に、右手をこめかみにつけます。

気をつけよう
動画でチェック！

ひじを離さない

「マナオ」のハンドモーションは、左腕の手の甲の上に、右ひじを置きます。離れてしまうことがあるので気をつけましょう。

◯

しっかりポーズを決めて、
恋人を想像する。

✕

ひじが離れてしまっている。

コレができる ハンドモーションをスムーズに行う

流れるようにして腕を
上・下・横に動かす

動画
02-05

3番-1

'Ano a'i ka pilina
あなたとの思い出を

顔は
上を向く

顔は
右ななめを見る

右カオ   左カオ

1 両腕を上にあげて、まっすぐ下に
おろします。

2 下におろした腕を、左右に広げま
す。

カオのステップで
ハンドモーション

　ここでは、カオのステップを踏みながら、上に両腕をあげ、下におろして、横に広げるというハンドモーションを行います。上、下、横へという腕の移動を、流れるように行っていきましょう。さらに、両手を胸の前に置いて、しっかりと感情を込めながら、まっすぐ前に出します。

POINT　ココが大切

上、下、横へ動かす

両腕を上にあげたあと、まっすぐ下におろして、左右に広げていきます。

1

(!) 顔は上を向く

両手をあげて、顔を上にあげます。

2

(!) 顔も一緒におろしていく

両手を下におろして、左右に広げます。

(!) 顔は下を向く

右カオ

3 両手を胸の前に置きます。

(!) 顔は正面を見る

左カオ

4 両腕をまっすぐ前に伸ばします。

Hula Number 30

コレができる　踊りに喜びの感情を込められる

愛する人を思い出しながら
喜びの表情を浮かべる

動画
02-05

3番-2

Poina `ole
忘れられない

(!) 顔は左を見る

(!) 顔は右ななめ
上を見る

右カホロ

1 右腕をこめかみにあてます。

2 右腕を曲げながら、右上にあげます。

54

ななめ上を見て
ポーズを決める

　ここでは、こめかみに手をあてて、その手を上にあげるハンドモーションを行います。このとき、上にあげた手の先を見つめるように、しっかりとあごをあげながら、「愛する人との忘れられない想い出」を回想するような、うっとりとした喜びの表情を浮かべましょう。

POINT　ココが大切

動画でチェック！

首の動きで感情を込める

こめかみにあてた右手を、その手を上にあげた際に、首を回転させてななめ上を見て、しっかり感情を込めましょう。

1　左を向いて、こめかみに右手をつけます。

2　右手を上にあげて、左ななめ上を見ます。

⚠ 顔は右を見る

⚠ 顔は左ななめ上を見る

左カホロ

3　左腕をこめかみにあてます。

4　右腕を曲げながら、右上にあげます。

やわらかな腕の動きで
美しいレイを表現する

動画
02-05

3番-3

E lei a`e `oe
あなたのレイ（愛）を

レイを持ち
あげる
ように

右カホロ

1 両手を胸にあて、手を見つめます。

2 両手を上にあげます。

レイを愛情に見立て
首からかける

　ここでは、レイのハンドモーション（P30）を行います。胸の前からレイを持ち上げるように、両手を少し丸みを持たせながら、ダイナミックにあげていきます。手をおろすときは、レイをかけるように首の後ろから前へと、手のひらの向きを意識しながら、優雅におろしていきましょう。

気をつけよう
体にそうように動かす
手の動きは体にそわせることで、美しい動きになります。手が離れすぎないように注意しましょう。

○ 体にそうように両手をおろす。

× 手が離れ、ひじが開きすぎている。

! レイをかけるように

! 手の平が地面と平行

右カホロ

3 両手を、頭の後ろへおろしていきます。

4 両手を前に動かし、手の平を下にして胸の前に置きます。

レイを首からかける動きを
片腕でなめらかに行う

動画 02-05

3番-4	*Me ku`u lei*
	私のレイ（愛）のように身につける

⚠ 手で正面を指す

⚠ 顔は左下を見る

右カホロ

1 右腕をまっすぐ前に出して、左腕を胸にあてます。

2 右腕を上にあげます。

片手を胸の前に置き
反対の腕でレイを表現

　両手のレイのハンドモーション（P56）を行った後、ここではワンハンド（片腕）でレイのハンドモーションを行います。左手は常に胸の前に置いて、右腕を丸めながら上げて、体にそわせるようにおろし、胸の前に持っていきます。なめらかな腕の動きで、優雅なレイを表現しましょう。

気をつけよう

つま先を離さない

〇　つま先をつける。

✕　つま先が離れている。

右足を一歩踏み込む動きでは、左足つま先を離さないようにしましょう。

！顔は左下を見る

！体にそわせながら手をおろす

！腕を床と平行にする

左カホロ

3 右腕を上にあげて、左腕を胸にあてます。

4 右腕を頭の後ろから前へおろします。

5 手の平を下にして胸の前に置きます。

Hula Number
33

コレができる　フラならではのやわらかいポーズができる

力を緩めながら
腕をまっすぐあげる

動画
02-06

4番-1	*Ha'ina 'ia mai*
	この物語を

腕は
まっすぐ
伸ばす

目線は
手でなく、
正面へ

右カホロ

1 左手をあげて、右手を口にそえます。

左カホロ

2 右手首をやわらかく返し、前に出します。

曲の終わりを知らせる
サインとなるパート

　4番-1と4番-2の歌詞は、ハワイアンの歌の常とう句で、歌の終わりを知らせるサインです。ここでは、片手をあげながら、「声」（P31）のハンドモーションを行います。力を緩めてまっすぐ腕をあげて、もう片方の口に持っていった手は、手首を返しながらまっすぐ前に出します。

気をつけよう　動画でチェック!

腕を曲げない

腕はまっすぐあげながらも、力を抜いた状態にします。腕が曲がらないようにしましょう。

○　腕が伸びている　　×　腕が曲がっている

! 腕は
まっすぐ
伸ばす

右カホロ

3 右手をあげて、左手を口にそえます。

! 目線は手でなく、
正面へ

左カホロ

4 左手首をやわらかく返し、前に出します。

コレができる　歌う様子を踊りで表現する

下唇に手を近づけて前に
出し、左右に広げる

動画
02-06

4番-2　　*Ana ka puana*
伝えましょう

両指先を
そろえる

腕は肩の
高さでキープ

右カホロ

1　下唇に触れる高さで、両手を口元
　にあてます。

左カホロ

2　両腕をまっすぐ前に出します。

曲の終わりを伝える
歌のハンドモーション

　4番-1と4番-2を合わせると、「ハイ ナイ アイアマイ アナカ プアナ（繰り返し歌われる）」という歌詞になります。さまざまなハワイアンの曲に登場するフレーズですが、踊りの内容は曲ごとに変わります。ここでは、ハンドモーションを通して、歌っている様子を表現しています。

POINT　ココが大切
歌のハンドモーション

ここでは、手を下唇のあたりにそえて、手をまっすぐ伸ばした後、左右に広げます。歌（P31）のハンドモーションの変形です。

(!) 左ななめ
前を見る

右カホロ

3 両腕を左右に広げます。

左カホロ

4 両腕を左右に広げ続けます。

この後の4番-3と4番-4のパートは、1番-3と1番-4と同じです。

第3章

曲に合わせて踊る②

次の曲は『アワプヒ・プアケア（ホワイト・ジンジャーの花）』です。
師匠と一緒に花を摘みレイを作った思い出を振り返る師弟愛の歌です。
1番から5番まで、それぞれ2回ずつ踊ります。

動画3章
03-01

'Awapuhi Puakea アワプヒ・プアケア

C. Pueo Pata

1番

He mana'o he aloha　no ku'u lei

愛しいこの思い　私のレイよ

'Awapuhi puakea　o ke kuahiwi

ホワイト・ジンジャーの花が　山に咲く

2番

Kilipohe i ka ua　a'o Ko'olau

冷たい雨に濡れた　コオラウで

Ku'u pua a'u i　kui ai a lawa

私の花は編まれた　たくさんのレイへ

3番

He pua onaona　kau po'ohiwi

その甘い香りの花は　私の肩にかかって

I wehi kāhiko　no ku'u kino

華やかに飾る　私の体を

4番

I ka nani kōnahe　a ka māhina

とても美しい　輝く月よ

E mohala mau ai　no nā kau a kau

いつまでも咲く　時間を越えて

5番

He mele, he aloha　no ku'u lei

愛しいこの歌　私のレイよ

'Awapuhi puakea　o ke kuahiwi

ホワイト・ジンジャーの花が　山に咲く

流れるようなイメージで
左右に手を動かす

動画
03-02

イントロ・間奏のヴァンプ

⚠ 目線は指先の上　　　　　　　　　⚠ 目線は指先の上

右カホロ

1 左手を右ななめ前に伸ばします。　**2** 右手を左ななめ前に伸ばします。

目線と手を一緒に動かす
シングルヴァンプをする

　曲の出だしのイントロと間奏では、片手で行うシングルヴァンプが出てきます。「海」のハンドモーションは、ななめ前に伸ばした腕を、手とひじで波を表現しながら、流れるようにスライドさせていきます。このとき目線は、手で指した方向を見つめ、スライドさせる手と一緒に移動させていきます。

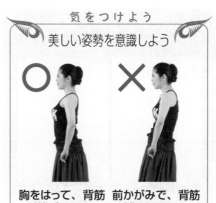

気をつけよう
美しい姿勢を意識しよう

○ 胸をはって、背筋が伸びている。

× 前かがみで、背筋が曲がっている。

ウェーブをするとき、前かがみになって姿勢がくずれないように、胸をはりましょう。

! ひじを曲げ、腕で波を作る

! 流れるようなイメージで

左カホロ

3 手首と腕で波を作り、左へ動かします。

4 手首と腕で波を作り、左へ動かします。

Hula Number
36

コレができる　続けざまに決めポーズで魅せる

ななめ上からななめ下に
視線を移動させてポーズ

動画
03-03

1番-1

He mana`o he aloha
愛しいこの思い

腕は肩の高さ
でキープ

目線は
ななめ上を見る

右カホロ

1　両手を前に伸ばします。

2　右手をこめかみにあて、左手をひじにつけます。

逆方向を見つめる
2つのポーズを決める

　「マナオ（想い）」と「アロハ（愛しい）」という2つの重要なハンドモーションが出てきます。「マナオ」は、右手の人差し指をこめかみに当てて、左手を右ひじにそえ、左ななめ上を見ます。「アロハ」は、胸の前で腕をクロスさせて、右ななめ下を見ます。逆方向を見つめる2つのポーズで魅せましょう。

POINT　ココが大切

ななめ上を見つめる

「想う」のハンドモーションは、素晴らしい思い出を回想している様子を、目線と表情で表しましょう。

（！）目線はななめ下を見る

左カホロ

3 右手をやわらかくななめ前に伸ばし、左手を右肩につけます。

4 両手を胸の前でクロスさせます。

Hula Number

37

コレができる 優雅さを演出しながらなめらかに動く

優雅なモーションで
両手を上下に動かす

動画
03-03

| 1番-2 | *no ku`u lei* |
| 5番-2 | 私のレイよ |

(!) 目線は下を向く

(!) 目線も上に
あげていく

右カホロ

1 手を胸の前に持っていき、手の平を胸に向けます。

2 両腕を上にあげていきます。

手首とひじを
なめらかに動かす

　ここでは、レイを首からかけるハンドモーションを行います。手首と両腕をなめらかに動かして、上下に移動させることで、優雅で美しいレイのイメージを表現できます。手をおろすとき、手首とひじを使って、頭の後ろから首にかけるように、体にそわせて動かしていくことがポイントです。

!
目線は
手を見る

左カホロ

3 手を胸の前に持っていき、手の平を胸に向けます。

POINT ココが大切
目線と一緒に腕をあげる

両手をあげて、さげるモーションが出て来ます。腕をあげるときは、目線と一緒にあげていくことで、よりダイナミックな動きとなります。腕をさげるときも同様に、目線と一緒にさげていきます。

1

顔と一緒に、腕をあげていきます。

2

顔と一緒に、腕をさげていきます。

コレができる 手と腕の動きを組み合わせて表現する

指で花を作って
まっすぐ腕を動かす

動画
03-03

| 1番-3 | |
| 5番-3 | |

'Awapuhi puakea
ホワイト・ジンジャーの花が

腕は肩の高さで
キープ

目線は花の上に

右カホロ

1 両腕を右ななめ前に出します。

2 手首を返して、手で花のつぼみを
作ります。

手と腕を組み合わせて
咲き誇る花を表現する

　ここでは曲のタイトルでもある「ア
ワプイプアケ（ホワイト・ジンジャー
の花）」が出て来ます。親指と残りの
4本の指をつけて、少し丸みをもたせ
ることで、花のつぼみを作ります。花
のハンドモーションをしながら、まっ
すぐ腕を動かすことで、あたり一面に
花が咲く様子を表現しましょう。

POINT　ココが大切

腕をあげながら手を開く

手は花の形のまま左にスライドさせ、左なな
め上にあげていくときに、徐々に手を開いて
いきます。

！ 目線は花と一緒に
動かす

！ 手を開き
指をつける

！ 目線は
手の上

左カホロ

3 手をつぼみのまま、左にスライド
させていきます。

4 両腕を左ななめ上にあげます。

Hula Number 39

コレができる 手と目線で、高くそびえる山を表現する

あごをしっかりあげて手の少し上を見つめる

動画 03-03

| 1番-4 |
| 5番-4 |

o ke kuahiwi
山に咲く

目線は
左手の先

目線は
右手の先

右イホペ

1 左腕をあげて、右手は胸にそえます。

2 右腕をあげて、左手は胸にそえます。

目線と腕の動きで
高い山を作り出す

　ここでは山のハンドモーションが出てきます。手をあげたとき、山の頂を眺めるように、あごをしっかりあげて指の先を見ます。次の動きで、はるか彼方にある山のふもとを見るように、ななめ下のひじの先を見ます。さらにもう一度、山の頂を見ます。3つの動作で、高くそびえる山を表現します。

POINT ココが大切 動画でチェック！

目線は少し上を意識する

見下ろすときは、左ひじの上を見るようにします。両手をあげた際には、手の先を見るようにします。

ひじの上を見て、山のふもとを見るイメージ。

手の先を見て、山の頂を見るようなイメージ。

! 目線は
左ひじの先

! 目線は
右手の先

左ヘラ

3 右腕をあげ、左手は胸にそえた姿勢のまま、目線をななめ左下にさげます。

4 下におろしていた左手を、上にあげた右手にそえ、目線もななめ右上にあげます。

腕を大きくおろしながら指を
小きざみに動かす

動画
03-04

2番-1

Kilipohe i ka ua
冷たい雨に濡れた

① 指を小きざみ
に動かす

① 目線は
手の動きに
合わせる

右カホロ

1 左上にあげた手を、指を細かく動かしながら、下におろします。

2 両手を下におろしたら、右上に両手をあげていきます。

目線と腕の動きで
高い山を作り出す

　雨のハンドモーションは、指先の細やかな動きを意識しながら、同時に腕を上から下へとおろすダイナミックな動きを組み合わせて表現します。左上から体を大きく使って腕をおろしたら、流れるように、反対側にあげていきます。目線もしっかりと、手の動きに合わせて移動させましょう。

POINT　ココが大切

２本の指を動かす

主に中指と薬指、２本の指を中心に細かく前後に動かしながら腕をおろすことで、雨のハンドモーションとなります。

（！）指を小きざみに動かす

左カホロ

3 右上にあげた手を、指を細かく動かしながら、下におろします。

4 両手を下におろします。

コレができる 前後にステップを踏みながらハンドモーションできる

高くあげた腕を体を動かさずスライドさせる

動画 03-04

2番-2

a'o Ko'olau
コオラウで

(!) 腕は肩の
高さでキープ

(!) 腕は肩の
高さでキープ

右カベル

1 右腕をななめ左上にあげます。

2 右腕を右上にスライドさせます。

目線と腕の動きで
高い山を作り出す

　歌詞に出てくるコオラウは、ハワイのオアフ島にある山岳地帯の地名です。ここでは山のハンドモーションを、左右連続で2回行っていきます。軽やかにカベルのステップを踏みながら、腕の動きと目線に注意して、高い山を表現するハンドモーションを流れるように行っていきましょう。

POINT　ココが大切
腕と目線を一緒に動かす

上にあげた腕を横に移動させていくとき、目線も一緒に動かします。体は動かさないようにしましょう。

左カベル

3　左腕をななめ右上にあげます。

4　左腕を左上にスライドさせます。

Hula Number
42

コレができる　繊細な感情を、動きと表情で表せる

美しく咲く花をやさしく胸元に引き寄せる

動画
03-04

2番-3

Ku`u pua a`u i
私の花が編まれた

(!) 目線は
手の先を見る

(!) 目線は
花を見る

右キーヴァヴァエ

1 両腕を右下におろします。

2 両手で花を作ります。

大切な人を想って
ほほ笑みを浮かべる

　花のハンドモーションは、指先を
やわらかく使って、美しい花を表現
しましょう。さらに、右手をお皿の
ようにして、左手の花をそこに乗せ、
ゆっくり胸元に引き寄せていきま
す。このとき顔の表情は、大切な師
匠との思い出を回想するように、や
さしいほほ笑みを浮かべましょう。

POINT ココが大切
花の少し先を見つめる

胸元に引き寄せた花を見ると、うつむきすぎ
てしまうので、花の少し先を見るようにしま
しょう。

！
目線は指先の
少し先を見る

左カホロ

3 右手で作った花を、左手の手のひ
らに乗せます。

4 右手に乗せた花を、胸元に引き寄
せます。

81

コレができる　手と視線による表現力を養える

針で花を縫う動作で
レイを編んでいく

動画 03-04

2番-4

kui ai a lawa
たくさんのレイへ

⚠ 目線は左手の花を見る

⚠ 目線は右手の針を見る

右カベル

1 左手に花を持ち、糸のついた針を持ったイメージで右手を近づけます。

2 針で縫っているように、右手を引きます。

目線と手を針で縫って いるように動かす

　ここでは山でつみとったたくさんの ジンジャーの花を、針で縫い合わせて レイを作っていくモーションが出てき ます。左手で花をやさしく支えながら、 右手をやわらかく使って針で縫う様子 を表現しましょう。目線をしっかりと 針の動きに合わせて動かすと、レイを 編む様子がわかりやすくなります。

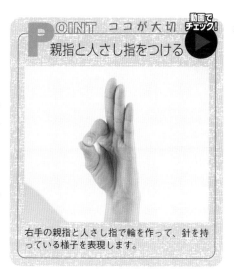

POINT　ココが大切　動画で チェック!

親指と人さし指をつける

右手の親指と人さし指で輪を作って、針を持 っている様子を表現します。

目線は左手の 花を見る

目線は右手 の針を見る

左カベル

3 左手に、もう一度、右手を近づけ ます。

4 針で縫っているように、右手を引 きます。

Hula Number
44

コレができる　香り立つ2つの花を、両手で表現できる

左右に腕を高く上げ
2つの花を作る

動画
03-05

3番-1　　*He pua onaona*
その甘い香りの花は

（！）目線は手の
先を見る

（！）目線は正面
を見る

右カベル

1 右腕をななめ左上にあげます。

2 右手を上に向けて、指を丸めて花を作ります。

左右の手で花を作り
そっと前に差し出す

　ここでは、右手を左ななめ上に高く
あげて、おろした後に正面を向いて花
を作ります。次に、左手を右ななめ上
に高くあげて、おろした後に正面を向
いて花を作ります。甘い香りを放つ美
しい花を、そっと差し出す様子を、美
しいハンドモーションで表現しましょ
う。

POINT　ココが大切

花を持ったまま左手をあげる

最初に右手で作った花はそのままキープした
状態で、左上を高くあげて2つ目の花をつみ
とります。

! 目線は手の
　先を見る

! 目線は正面
　を見る

左カベル

3 右手で花を作ったまま、左腕をな
なめ右上にあげます。

4 左右の手で花を作り、前に出しま
す。

コレができる　歌詞に込められた想いを表現する

慈しむような手の動きで
肩からレイをかける

動画
03-05

3番-2

kau po`ohiwi
私の肩にかかって

(!) 両手を
まっすぐ
前に出す

(!) 目線は下に
向ける

右カホロ

1　両手をまっすぐ前に出します。

2　両手を胸の前に移動し、手のひらを胸に向けます。

86

師匠と一緒に作った
特別なレイを肩からかける

　フラは、歌詞に込められた想いを理解して、その感情を表現することがとても重要です。ここでは、師匠と一緒に作ったレイを肩からかけるハンドモーションが出てきます。歌詞の中に込められた想いをくみ取って、表情や動きの中にしっかりと感情を込めながら行いましょう。

POINT　ココが大切
感情を込めてレイをかける

肩に両手をそえるモーションは、大切な人への想いを表情に出しながら、慈しむような優しい手つきで行いましょう。

⚠ 目線は右肩に
向ける

⚠ 目線は
左肩に
向ける

左カホロ

3　右手と左手を右肩にそえるように
　移動し、ウェーブします。

4　左手と右手を左肩にそえるように
　移動し、ウェーブします。

Hula Number *46*

コレができる 手首をなめらかに返す表現ができる

軽やかに手首を返しながら
ななめ下に腕をスライドする 動画 03-05

3番-3

I wehi kāhiko
華やかに飾る

!
視線は
横を向ける

!
視線は
ななめ下に
向ける

!
手首を返し
ながら動かす

右カホロ

1 左手を右肩に置き、右手は軽く腰にそえます。

2 左手を、ひじを曲げたまま横に動かします。

首からかけたレイが
華やかに彩る様子を表す

　首からかけたレイが、自分の身を豪華に彩ってくれている様子を、ハンドモーションで表現していきます。肩に置いた手は、カホロのステップに合わせて、ななめ下に向かっておろしていきます。このときやわらかく手首を返し、視線も腕の動きに合わせて移動させるのがポイントです。

POINT　ココが大切
やわらかく手首を返す

1　　　　　　2

肩にそえた手は、手首をやわらかく返しながら横にスライドさせ、手のひらを上に向けます。

! 視線は
横を向ける

! 視線は
ななめ下に
向ける

! 手首を返し
ながら動かす

左カホロ

3 右手を左肩に置き、左手は軽く腰にそえます。

4 右手を、ひじを曲げたまま横に動かします。

Hula Number
47

コレができる 　足先から手先まで、上下に大きく動く

レイと一体になるイメージで
体にそうように手を動かす 動画 03-05

3番-4　　　　*no ku'u kino*
　　　　　　　私の体を

(!) 体に
そわせるように

(!) 動きを止めず、
流れるように両
手をあげていく

左ステップバック

1 ななめ右を向いて、両手をひざあた
りまでおろし、上にあげていきます。

2 両手を胸元まで引きあげ、さらに
上にあげていきます。

レイを身に着けながら
師匠への想いを表現

　レイを身に着けていることを表現するために、体全体をそうように手を動かして、レイを首からかけるハンドモーションを行っていきます。ここでは、レイを首にかけるという文字どおりの意味だけでなく、そのレイによって想起させられる、師匠への想いも表現しています。

気をつけよう

動画でチェック！

体から離れないように注意

○　手が体にそっている

×　手が離れている

体全体をそうように手を動かし、レイを身にまとっていることを表現。手が体から離れがちなので注意しましょう。

少し丸みを
持たせる

3 両腕を高くまっすぐ上にあげていきます。

腕を床に
平行にする

左カホロ

4 両手を、頭の後ろからおろしていき、胸の前で止めます。

Hula Number **48**

コレができる ダイナミックな動きで腕を下から上に動かす

下から上へ腕をあげて
美しい弧を描く

動画
03-06

4番-1

I ka nani kōnahe
とても美しい

両手を
そろえる

目線は
下を見る

目線は右横を見る →

右ヘラ

1 背筋を伸ばして、両手を下にさげます。

左ヘラ

2 両手をあげていきます。

腕の動きに合わせて
目線も移動させる

　このパートでは、ヘラのステップを踏みながら、腕を下から上へとあげていくハンドモーションを行います。体が前かがみになりすぎたり、反りすぎたりしないように、背筋を伸ばして美しい姿勢を意識しましょう。腕の動きに合わせて、目線は下から、右横、真上と移動させていきます。

気をつけよう

動画でチェック！

腕をつっぱらない

腕が弧を描いている	腕をまっすぐ伸ばしすぎ

月のハンドモーションは、腕をまっすぐのばすと月に見えないため、弧を描くようにします。

目線は
上を見る

腕を
丸くする

右ヘラ

左ヘラ

3　さらに両手をあげていきます。

4　月をイメージして腕を丸めます。

コレができる 美しい姿勢で月のハンドモーションをする

腕を丸めながら高く
あげ美しい月を描く

動画
03-06

4番-2

a ka māhina
輝く月よ

（！）
腕を丸める

（！）
目線は
上に向ける

（！）
目線は右横
に向ける

右カホロ

1 両手を上にあげた状態から、腕を
クロスさせます。

2 両腕を下におろして、地面と平行
にします。

一度クロスさせてから
もう一度丸い月を作る

　ここでは輝く月を、ハンドモーションで表現します。腕を上にあげて丸くした状態から、一度クロスさせて、下におろしていきます。地面と平行に、腕を左右に伸ばしてカホロをした後、再び腕を高くあげて丸めて月を作ります。ひじをはると、丸い月に見えなくなるので注意しましょう。

POINT　ココが大切

月をクロスさせる

4番-1のパート（P93）で丸めた腕を、一瞬クロスさせて、下におろしていきます。

月をイメージして手を丸めます。

手をクロスさせて、下におろしていきます。

! 目線は左横に向ける

←

! 腕を丸める

! 目線は上に向ける

左カホロ

3 両腕をまっすぐ横に伸ばし、左を向きます。

4 もう一度、腕をあげて弧を描いて月を作り、親指を広げます。

コレができる　3方向を向きステップをしながらハンドモーションできる

カホロフキをしながら
ハンドモーションをする

動画
03-06

4番-3　　*E mohala mau ai*
いつまでも咲く

（！）手と腕をなめらか
に動かす

（！）目線は正面
に向ける

右カホロフキ

1 後ろを向いて、右手ウェーブをします。

2 正面を向いて、右手を丸めて花を作ります。

「海」と「花」を表す
2つのハンドモーション

　ここではカホロフキという、180度回転するステップが出てきます。正面を向いた状態から回転して、後ろ向きになって海のハンドモーションを行います。その後、正面に向き直って花を作ってお皿に乗せて、胸に引き寄せる一連のハンドモーションを行っていきます。

POINT ココが大切
海のハンドモーション

カホロフキのステップで後ろを向いたときは、片手で海のハンドモーション（P66）を行います。

⚠ 目線は花に向ける

⚠ 目線は下に向ける

左カホロフキ

3 右手の花を、お皿に乗せるように左手の上に乗せます。

4 両手をそっと胸に引き寄せます。

Hula Number
51

コレができる　左右の手を交互に使ってウェーブできる

腕を横に水平移動するように
3方向を向きながらウェーブ

動画
03-06

4番-4

no nā kau a kau
時間を越えて

腕は地面と
平行にする

腕が水平に
移動する
イメージで

右カベル

1　正面を向きながら、右手でウェーブします。

2　右横を見ながら、右手でウェーブします。

98

3方向に転換しながら 「海」のハンドモーション

　このパートの「ノナカウアカウ」とは、永遠に続くという意味です。ここでは、カベルのステップを踏みながら、3方向に向けてシングルハンドの「海」のハンドモーションをします。波を作る腕の高さを変えることなく方向転換していくことで、腕が横に水平に移動するようなイメージで行っていきます。

気をつけよう
腕は床と平行に

○ 床と平行になっている。

× 左右の腕が曲っている。

ウェーブをする腕はまっすぐ伸ばし、胸にそえる腕は床と平行です。傾きがちなので注意しましょう。

腕は地面と平行にする

左カベル

3　正面を向きながら、左手でウェーブします。

4　左横を見ながら、左手でウェーブします。

Hula Number

52

コレができる　ハンドモーションに感情を込める

手を広げる動きから手をクロスさせる

動画
03-07

5番-1

He mele, he aloha
愛しいこの歌

2つのハンドモーションで愛しい想いを表現する

　ここでは「メレ（歌う）」と「アロハ（愛する）」、2つのハンドモーションが出てきます。メレは、左右の手を口にそえて、左右に大きく広げて、歌声が広がっていくイメージを表現します。アロハは、大切な師匠への想いをこめるように、目線を右下にさげて、ポーズと表情にしっかりと気持ちを込めましょう。

動画で
チェック！

!		!	
左右の指をつける	目線は右前	目線は左前	目線は右下

右カホロ			左カホロ
1 両手を口につけます。	2 両手を左右に広げます。	3 両手を左右に広げたままキープします。	4 腕を胸の前でクロスします。

100

Hula Number 53

コレができる 踊りをしっかりとまとめられる

動画 02-07
動画 03-08

肩にタッチしてまっすぐ腕を伸ばす

フィニッシュのヴァンプ

2つの動きで踊りを締めくくる

2章の『レイナニ』と3章の『アワプヒ・プアケア』、いずれもフィニッシュのヴァンプは同じです。両手で肩をタッチして、正面に手を伸ばして踊りを締めくくります。このときのステップは、左足を一歩さげるステップバックと、右かかとをあげる右ポイントです。曲を締めくくるパートなので、姿勢を正してしっかり踊りましょう。

目線は左横　指先をそろえる　指先をそろえる

左ステップバック　右ポイント

1 左足を下げて、手を肩につけます。

2 両腕をまっすぐ前に伸ばします。

気をつけよう

背筋をしっかり伸ばす

○ 背筋が伸びている。

× 背中が丸まっている。

肩にタッチしたとき、背中が丸まってしまうことがあるので注意。しっかり背筋を伸ばしましょう。

第4章

もっとフラを知ろう！

ハーラウ（教室）の選び方から、コンペティション（競技会）のコツまで、さまざまな角度からフラを取り上げます。

Hula Number
54

ハーラウ（教室）の選び方

自分の目的に合ったハーラウを選ぼう！

動画
04-02
DVDでは「ハーラウとコンペティションの種類」を紹介

足を運んで体験しよう！

　ハワイ語では、フラを教える教室のことをハーラウと呼び、先生のことをクムと呼びます。日本のハーラウは、趣味で楽しく集まって踊るというところ、衣装を作って発表会に頻繁に参加するところ、厳しい指導で本格的にコンペティションを目指すところなどさまざまです。先生の指導スタイルも、ハワイアンの精神にのっとったものから、独自にアレンジしたものまで多岐にわたります。実際に、ハーラウの授業の様子を見学させてもらったり、授業を体験させてもらったりしながら、自分に合うハーラウを探しましょう。クラスは、年齢や性別、上級者や初心者などの技術のレベルで分かれていたりすることもあります。また、フラの

「ナー・マモ・オ・カレイナニ」のレッスン風景。

年齢や性別によるクラス

クラスは、年齢や性別によって変わることもあります。ハーラウを選ぶにあたって、予備知識として、それぞれの名称を覚えておきましょう。

Wahine（ワヒネ）

若い女性のことです。比較的動きのある踊りを行うことが多いです。

Kupuna（クプナ）

年配の女性のことです。50歳以上の女性を指します。

Keiki（ケイキ）

子どものことです。ケイキを対象とした大きな大会もあります。

Kāne（カネ）

男性のことです。女性とは少し異なる、力強い動きのフラをします。

理解を深めるためにハワイ語の授業を設けているところもあります。

頻繁に移るのは止めよう！

ただし、なかなか自分に合うハーラウを選ぶのは難しいことです。実際、フラの世界では、自分に合わないと感じ、他のハーラウに移る人もよくいます。ただし、あまりハーラウを頻繁に移り続けるのは、おすすめできません。フラの動きは、指導者ごとに大きく変わります。同じ名称のハンドモーションやステップも、細部が変化してくるのです。教室を変わると、ステップひとつとっても、一から動きを覚え直さなければならないことも。十分に情報を集めて、先生との相性や、ハーラウの雰囲気など、さまざまな要素から、慎重にハーラウ選びを行いましょう。

「ホイケ」（発表会）と「コンペティション」（競技会）

発表会&競技会を目指して
モチベーションアップ！

動画
04-03

DVDでは「コンペティションで勝つためには？」を紹介

発表会

発表会には、ハーラウが数年に一度開くもの、さまざまな団体が開催するイベント、コンペティションの優勝ハーラウが出演するステージなど、さまざまな種類があります。発表会は、多くの観客の前で踊ります。

ナー・マモ・オ・カレイナニのホイケ。

曲によってさまざまな楽器を使用します。

目標を定めて
練習に取り組む

　フラを上達させるためには、上手くなりたいという気持ちを持ち続け、コツコツと練習を積み重ねることが大切です。そのためのモチベーションとなるのが、「ホイケ（発表会）」や「コンペティション（競技会）」です。大きなイベントになると、新しくお揃いの衣装をオーダーしたり、生花でレイを作ったり、さまざまな取り組みをします。「ホイケ」や「コンペティション」は、そのプロセスも含めて、とても楽しいイベントなのです。また、複数人で一緒に踊る群舞で、全員の息を合わせて踊れた時は、言い表せない感動があります。ここを目標に定めて練習することで、フラの上達も格段に早くなるでしょう。

競技会

ソロや群舞などで順位を競う大会です。毎年ハワイで4月に行われる最大のフラの祭典「メリー・モナーク・フェスティバル」が特に有名なフラのコンペティションとして知られています。

2012年に行われた「キング・カメハメハ・フラ・コンペティション　日本大会」（現在はカメハメハ・ヌイに改名）。
写真提供：株式会社アイランドコミュニケーション

11月に行われる全日本フラ選手権。
写真提供：株式会社アイランドコミュニケーション

6月に行われるクー・マイ・カ・フラ・ジャパン。
写真提供：株式会社アイランドコミュニケーション

曲のテーマに合わせて 衣装や飾りを選ぶ

練習着
ウエスト部分にゴムが入ったパウスカートを練習着として履きます。トップスには、Tシャツやキャミソール、チューブなどを着ます。

ステージの衣装
アウアナのステージの衣装は、ドレススタイル、ワンピーススタイルなど、バリエーションが多くあります。色や柄、飾りなど、曲に合ったものを選びます。

大会では衣装も
評価対象になる

　フラの大きな楽しみのひとつはバリエーション豊かな衣装です。練習着は、パウスカートに、Tシャツなどを合わせるスタイルが基本。コンペティションでは、衣装も得点に入るので、曲の内容などテーマに合わせて色やスタイルを選びます。カヒコは、衣装や飾りはすべて天然素材です。

クプナスタイル

年配の女性であるクプナの衣装は、肌を露出させない長袖のドレスなどがよく選ばれます。

ワンピーススタイル

ガーリーなイメージの鮮やかな黄緑のワンピースに、黄色い髪飾り、白のレイを合わせています。

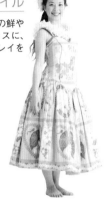

ハパハオレスタイル

観光的なショーを意識したスタイル。露出が多く、キラキラした素材のスカートなどを履きます。

天然素材を使うカヒコ

　カヒコは、神に捧げる神聖な踊りです。そのため、花や植物、動物の骨などの天然の素材を使って、自ら衣装や飾りを作ります。

写真提供：株式会社アイランドコミュニケーション
天然素材で作られたカヒコの衣装。

葉で衣装を作っている様子。

Hula Number
57

フラの楽器

楽器の音を体で感じ
ビートに合わせ踊る

「カヒコ」で使う
伝統的な楽器

　伝統的なフラ「カヒコ」には、さまざまな楽器があります。イプヘケは、ステップなどの練習の際、クムが演奏します。プイリやウリ・ウリなど、ダンサーが踊りながら使用する楽器もあります。

プイリ

竹で作った楽器。踊りながら両手に持って叩いたり、体にあてたりして音を出します。

イプヘケ

ひょうたんを2つ重ねた楽器。床に底を打ち付けるか、手で叩いて音を出します。

ウリ・ウリ

踊りながら使う、木の実が入ったマラカスのような楽器です。鳥の羽の飾りがつきます。

アウアナの楽器

こちらはアウアナで使います。4弦が代表的ですが、6弦、8弦などもあります。

イプ

ひょうたんから作った楽器。手で底を叩いて音を出し、踊りながら使います。

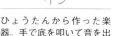

パフ

ヤシの木に革を張った太鼓。小さな太鼓プーニウは、カーという縄で叩きます。

フラQ&A

動画
04-04

Q&Aは動画で
詳しく紹介して
います

Hula Number
58　初級者Q&A

Q 振り付けが、
覚えられません。

A まずはフラの日本
語の歌詞を見て、
この歌の背景やストーリ
ーを理解しましょう。覚
えらえないパートは「こ
めかみ」「考える人」な
どポーズを連想できるキ
ーワードを作って覚える
のがおすすめです。

Hula Number
59　中級者Q&A

Q フラが
上達しません。

A まずは、自分がき
ちんとした姿勢で
踊れているかを見直して
みましょう。さらに、踊
りの部分だけでなく、踊
り全体の流れを頭の中で
意識するとワンランク上
の踊りができるようにな
ります。

Hula Number
60　上級者Q&A

Q 表情が上手く
作れません。

A フラは踊っている
最中に、基本的に
笑顔で、さまざまな表情
を作ります。口だけでな
く、目のあたりも意識し
てみると、顔全体がほぐ
れて自然な笑顔が出るよ
うになり、やわらかい表
情になります。

カネフラの世界

　フラは女性の踊りと思われがちですが、ハワイでは
男性もフラをしています。女性のフラのやわらかな動
きに対して、男性のフラ（カネフラ）は勇ましいハンド
モーションや床を踏み鳴らすステップなど、力強い動き
が特徴です。

　近年、テレビ番組で紹介されたことなどきっかけに、
日本の男性のフラ人口が増えています。ハワイにおい
てフラは、若い頃はもちろん年をとっても続けられる、
人生と共にあるもの。日本の男性にも、一生の趣味や
健康づくりのエクササイズとして、少しずつ受け入れら
れ始めているのです。

　とりわけ、感情表現の苦手な日本の男性には、笑顔
で全身を使って踊るフラを体験すると、軽いカルチャー
ショックを受けるようで、「フラで人生観が変った」とい
う人が続出しています。

カネフラの踊りは、ラグビーの
ハカのような、勇ましさが特徴。

「ノーフラ、ノーライフ」な男
性が少しずつ増えています。

ナー・マモ・オ・カレイナニ主宰
岡本聖子

東京都世田谷区出身。15歳の時にハワイ島カムエラにある高校に単身留学し、フラと出会う。その後カリフォルニア、パリでの大学生活を経て日本に一時帰国するが、フラを本格的に学ぶため、再びハワイへ渡米。クム・フラ・アロハ・ダレリィ主宰のハーラウ（スタジオ）に入門し、メリーモナーク・フラ・フェスティバルをはじめ、さまざまなコンペティションに出場しながらフラの神髄を学ぶ。クムアロハの許可のもと、1998年に帰国後は品川区五反田にて、フラハーラウ「ナー・マモ・オ・カレイナニ」を開校。生徒を育成するかたわら、日本、ハワイのさまざまなコンペティションに生徒を出場させ、現在に至るまでに数々の入賞を果たしている。2013年にはクムフラの称号をクムアロハより授かる。近年は、日本国内で行われているさまざまなコンペティションの審査員をしたり、雑誌の連載や各地でのトークショーを積極的に行うなど、日本のフラの成長の貢献に務めている。

モデル

Chako

Ayako

Minami

Megu

Miko

ナー・マモ・オ・カレイナニの最近の実績

2008 年 6 月	キングカメハメハ・フラ・コンペティション　ハワイ大会 ワヒネ・グループ・カヒコ部門優勝
2009 年 8 月	伊香保ハワイアンフェスティバル・フラ・コンペティション ハーラウ総合優勝
2015 年 9 月	マウナレイ・フラ・コンペティション ロコマイカイ・アウアナ・グループ優勝
2015 年 11 月	イオラニ・ルアヒネ・フラ・フェスティバル ワヒネ・アウアナ・グループ優勝
2016 年 9 月	マウナレイ・フラ・コンペティション ワヒネ・アウアナ・グループ 2 位 ロコマイカイ・アウアナ・グループ優勝
2016 年 11 月	イオラニ・ルアヒネ・フラ・フェスティバル クプナ・アウアナ・グループ優勝 ワヒネ・アウアナ・グループ優勝 マクアヒネ・アウアナ・グループ優勝
2017 年 6 月	クー・マイ・カ・フラ・ジャパン ワヒネ・カヒコ・グループ優勝 ワヒネ・アウアナ・グループ優勝 クプナ・アウアナ・グループ優勝
2017 年 9 月	クー・マイ・カ・フラ・マウイ ワヒネ・カヒコ・グループ優勝 ワヒネ・アウアナ・グループ優勝 クプナ・アウアナ・グループ 2 位
2018 年	ナー・マモ・オ・カレイナニ 20 周年記念 発表会
2019 年 8 月	イオラニ・ルアヒネ・フラ・フェスティバル マクアヒネ・アウアナ・グループ優勝
2019 年 9 月	マウナレイ・フラ・コンペティション ロコマイカイ・アウアナ・グループ優勝
2022 年 8 月	ホオナネアフラ ワヒネ・アウアナ・ソロ　2 位
2022 年 8 月	ケアウホウ・フェスティバル クプナワヒネ・アウアナ　グループ優勝

お問い合わせ

ナー・マモ・オ・カレイナニ

〒 141-0022
東京都品川区東五反田 5-23-4 1F/B1F

TEL 03-5424-1500　FAX 03-5424-1501
Mail info@hula-kaleinani.com
URL http://www.hula-kaleinani.com/index.html

「ナー・マモ・オ・カレイナニ」は
現在、東京五反田、福岡に教室を
構えています。
ご興味のある方はご連絡ください。
カネフラ（男性）も募集中です。

すべての動画を見たいときは下の QR コードや URL
を利用してください。

動画でもっと上達
輝くフラ
魅せる技術と表現力を磨く
改訂版 動画

https://www.youtube.com/
watch?v=QLCiENjzWSA

監修

岡本聖子

テキストスタッフ

編集・執筆
高橋淳二、野口 武（以上　有限会社ジェット）

デザイン
白土朝子

DTP
株式会社センターメディア

スチール撮影
伊藤 厚（HappyHula）、平井幸二

DVD 制作
KENTARO、伊藤 厚（HappyHula）

協力　アイランドコミュニケーション

動画でもっと上達！輝くフラ
魅せる技術と表現力を磨く

2023 年 1 月 20 日　　　　第 1 版・第 1 刷発行

監修者　　岡本　聖子（おかもと　せいこ）
発行者　　株式会社メイツユニバーサルコンテンツ
　　　　　代表者　大羽　孝志
　　　　　〒102-0093 東京都千代田区平河町一丁目1-8
印　　刷　株式会社暁印刷

◎『メイツ出版』は当社の商標です。

ご意見・ご感想はホームページから承っております
ウェブサイト　http://www.mates-publishing.co.jp/

編集長：堀明研斗　企画担当：折居かおる/堀明研斗

※本書は 2018 年発行の『DVD でもっと美しく！　輝くフラ　上達のポイント 60』を
　元に、動画の視聴形態と書名・装丁を変更し、必要な情報の確認を行い、新たに発
　行したものです。